U0022157

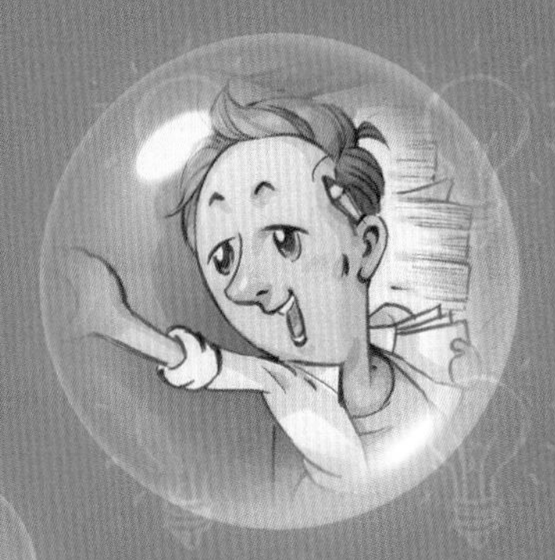

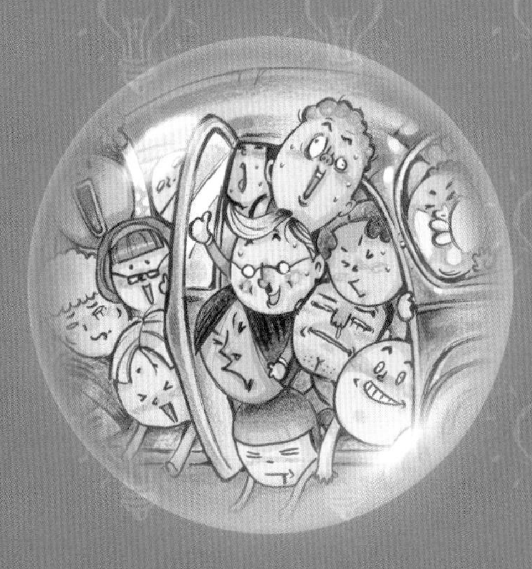

國家圖書館出版品預行編目資料

麥克沃特兄弟 / 胡其瑞著;簡志剛繪. -- 初版一刷. -- 臺北市: 三民, 2016
面; 公分 -- (兒童文學叢書/創意MAKER)

ISBN 978-957-14-6112-0 (精裝)

1. 麥克沃特(McWhirter, Norris,1925-2004) 2. 麥克沃特(McWhirter, Ross,1925-1975) 3. 傳記 4. 通俗作品

781.08 104028565

© 麥克沃特兄弟

著作人	胡其瑞
繪者	簡志剛
主編	張蒸風
責任編輯	郭心蘭
美術設計	黃顯喬
發行人	劉振強
著作財產權人	三民書局股份有限公司
發行所	三民書局股份有限公司
	地址 臺北市復興北路386號
	電話 (02)25006600
	郵撥帳號 0009998-5
門市部	(復北店) 臺北市復興北路386號
	(重南店) 臺北市重慶南路一段61號
出版日期	初版一刷 2016年2月
編號	S 857931

行政院新聞局登記證局版臺業字第〇二〇〇號

ISBN 978-957-14-6112-0 (精裝)

http://www.sanmin.com.tw 三民網路書店

麥克沃特兄弟 NORRIS MCWHIRTER & ROSS MCWHIRTER

打造全民世界紀錄

胡其瑞／著　簡志剛／繪

三民書局

主編的話

抬頭見雲

隨著「近代領航人物」系列廣獲好評，並獲得出版獎項的肯定，三民書局的出版團隊也更有信心繼續推出更多優良兒童讀物。

只是接下來該選什麼作為新系列的主題呢?我和編輯們一起熱議。大家思考間，偶然抬起頭，見到窗外正飄過朵朵白雲。

有人興奮的說:「快看！大畫家畢卡索一手拿調色盤，一手拿畫筆，正在彩繪奇妙的雲朵！」

是呀！再看那波浪一般的雲層上，建築大師高第還在搭建他的尖塔！

左上角，艾雪先生舞動著他的魔幻畫筆，捕捉宇宙的無限大，看見了嗎？

嘿！盛田昭夫在雲層中找到了他最喜愛的 CD，正把它放入他的隨身聽⋯⋯

閃亮的原子小金剛在手塚治虫大筆一揮下，從雲霄中破衝而出！

在雲端，樂高積木堆砌的太空梭，想飛上月球。

麥克沃特兄弟正在測量哪一朵雲飄速最快，能夠成為金氏世界紀錄。

⋯⋯

有了，新的叢書就鎖定在「創意人物」這個主題上吧！

大家同聲附和:「對，創意實在太重要了！我們應該要用淺顯的文字、豐富的圖畫，來為小讀者們說創意人物的故事。」

現代生活中，每天我們都會聽見、看見和接觸到「創意」這兩個字。但是，「創意」到底是什麼？有人說，「創意」就是好點子。但好點子是如何形成的？又是在什麼樣的環境助長下，才能將好點子付諸實現，推動人類不斷向前邁進？

編輯團隊為此挑選了二十個有啟發性的故事，希望解答上述的問題，並鼓勵小讀者們能像書中人物一般對事物有好奇心，懂得問「為什麼」，常常想「假如說」，努力試「怎麼做」。讓想像力充分發揮，讓好點子源源不絕。老師、家長和社會大眾也可以藉此叢書，思索、探討在什麼樣的養成教育和生長環境裡，才能有效的導引兒童走向創意之路？

雲屬於大自然，它千變萬化，自古便帶給人們無窮想像；雲屬於艾雪、盛田昭夫、高第、畢卡索⋯⋯這些有突出想法的人，雲能不斷激發他們的創意；雲也屬於作者、插畫家和編輯團隊，在合作的過程中，大家都曾經共享它的啟發。

現在，雲也屬於本書的讀者。在看完這本書以後，若有任何想法或好點子願意與大家分享，歡迎寄到編輯部的信箱 editor@sanmin.com.tw。讀者的鼓勵與建議，永遠是編輯團隊持續努力、成長的最大動力。

2015 年春寫於加州

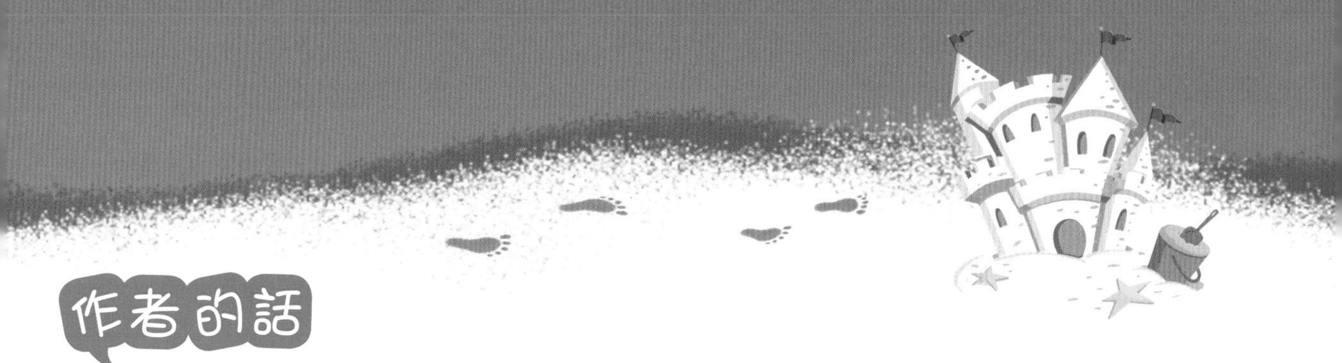

作者的話

我很小的時候就聽過《金氏世界紀錄大全》這本書，也許是受到中文翻譯的影響，一直以來我都認為這個紀錄跟一位姓「金」的人有關。後來，我才知道，所謂的「金先生」其實並不存在，這個世界紀錄是得名於「吉尼斯 (Guinness)」酒廠（所以有的中文翻譯會譯為《吉尼斯世界紀錄大全》）。

《金氏世界紀錄大全》的發想，源自於吉尼斯酒廠的一位比弗爵士，在一次酒後的閒談裡，提出搜集世界紀錄的創意點子，而實際承擔世界紀錄搜集與編纂工作的，則是一對雙胞胎記者──諾里斯・麥克沃特與羅斯・麥克沃特。這對雙胞胎從小就愛從不同的報紙中，搜集許多比賽之最的紀錄，而比弗爵士的點子，剛好讓他們的愛好得以呈現在世人面前。

《金氏世界紀錄大全》收錄了各個領域中最了不起的成就，無論是跑得最快的、跳得最高的，或是丟得最遠、力氣最大的，都是《金氏世界紀錄大全》有意搜集的目標。不但如此，《金氏世界紀錄大全》也不只把焦點局限在體壇而已，譬如最高、最矮、最胖、最瘦的人，或是許多超越人體極限的新挑戰，像是熱狗大胃王或是支撐最久的倒立，也都被《金氏世界紀錄大全》所認可；甚至有些光怪陸離、令人啼笑皆非的紀錄，也常出現在世界紀錄當中，例如最快的剝蛋紀錄、支撐最久的金雞獨立，或是在一輛車子裡塞進最多的人之類的。而事實上，這些匪夷所思的比賽點子，許多都來自麥克沃特兄弟的創意。

在本書裡，我放進了一個外星人尋找強大力量的元素，但出乎外星人意料的是，地球人竟然能夠不斷創造新紀錄，以致於他們搜集到的強大力量一直被超越，最後只好摸摸鼻子回去自己的星球交差。這個寫作的點子來自於，我認為《金氏世界紀錄大全》給予世人一個很重要的鼓舞，那就是：人類永遠都可以創造新的紀錄，並且，可以不斷發揮創意，想出新的項目來締造新紀錄。

在還沒有寫這本書以前，我一直以為，《金氏世界紀錄大全》不過就是一堆數字的紀錄而已，但其實並非如此，因為麥克沃特兄弟在撰寫每一項紀錄的時候，都會先去查考歷史上的相關記載，然後進行比較，最後才陸續加上近代的新紀錄。因此，麥克沃特兄弟帶給世人的，不僅是在閱讀一段人類不斷超越前人的歷史，更重要的是，在這不斷超越的過程當中，我們更能夠體會到人類的無限潛能，及源源不絕的創意思維。而這些潛能與創意，不但屬於這些打破紀錄的人，說不定，也在每位讀者朋友身上呢！不相信？試試看你就知道了！

故事不是從地球開始的……

浩瀚的宇宙中，一艘奇特的太空船：米巴星人探索號，正緩緩接近地球。

「報告艦長！前方的藍色星球就是『阿爾法星』了！」駕駛員巴魯緊握方向桿，喃喃自語：「真不知道為什麼要大老遠飛到這裡？我已經整整三個月沒有放假了！」

「巴魯，你過來！」說話的是探索號的艦長，酷克。

「是！艦長！」巴魯滑向艦長，心裡七上八下，深怕剛剛的抱怨被艦長聽到了。

「我要給你一個重要的任務，」艦長說：「總部這次派我們找尋『阿爾法星』上最強大的『力量體』，並且搜集他們的DNA。我看你的資歷，既在情報學校讀過書，又在資源探索大隊待過，這個工作就交給你了。」

「什麼！」巴魯瞪大了眼，「報告艦長，我沒有真正的實務經驗，這個任務會不會太……」

「不會！」艦長打斷了巴魯的疑慮，丟給他一個手提箱：「你有五個星際週的時間，我們會和你保持聯繫。」沒等巴魯回答，艦長從口袋裡拿出傳送器，對著巴魯一指，巴魯就被傳送出去了。

巴魯回過神，發現自己已經

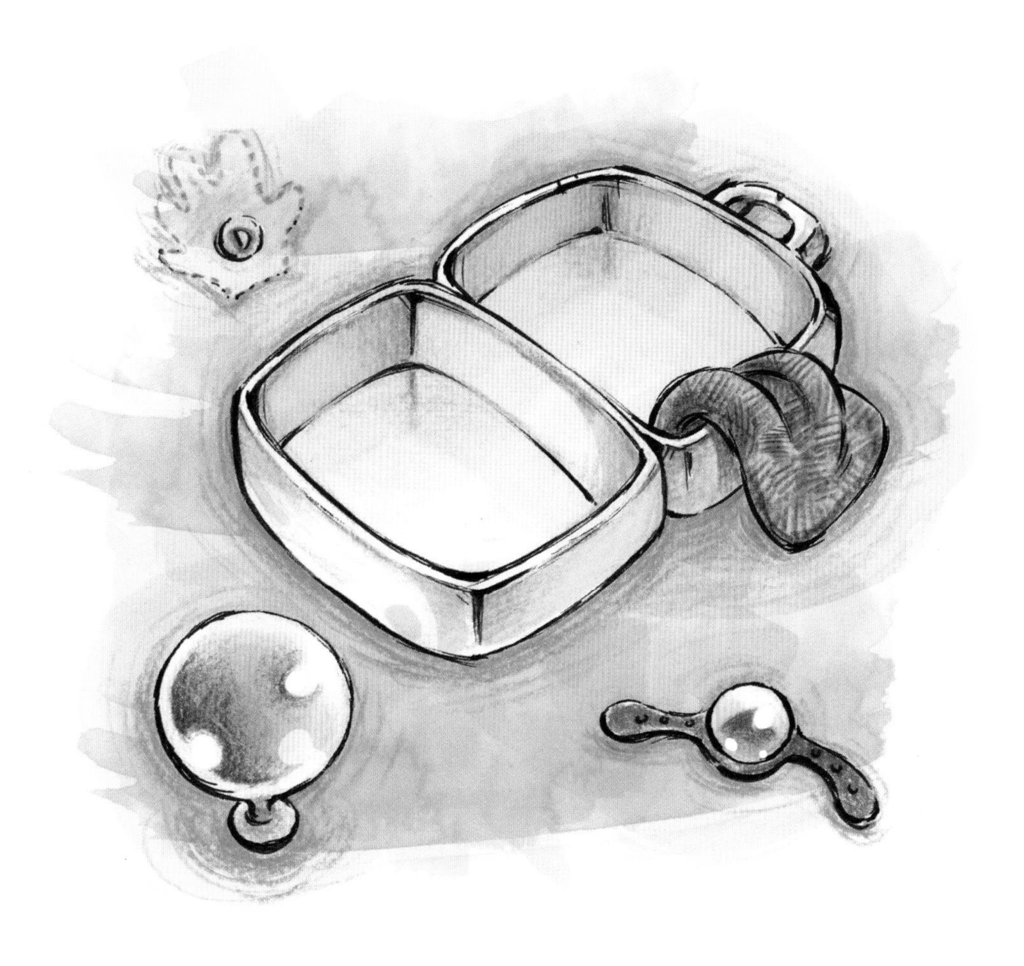

到了「阿爾法星」。他打開手提箱，裡面放著一隻「變身手錶」、一個可以立體投影的「光球」、還有一個「DNA 採集器」。光球在巴魯面前投影了「任務說明」：

地點：阿爾法星（他們稱為地球）
的愛爾蘭，偉克斯福德郡。
期限：五個星際週（1星際週＝地球5年；
1年＝365天）。目前地球曆為1951年11月10日。
目標：尋找最強大力量的生物體DNA。
方式：DNA採集器可以安裝在手上，藉由和目標
握手的方式複製DNA，並將數據傳回母艦。
備註：前方酒吧是地球人聚集並且交換情報
的地方，可從這裡開始。

說明的最後，有一個酷克艦長的頭像板著臉，嘴巴動呀動的，看這嘴形是說：「動作快點，我要放假！」

看完任務說明，巴魯深吸一口氣，戴上變身手錶，按下按鈕，以聲音輸入指令：「變身！地球人！」變身手錶發出一陣彩虹光

芒，巴魯原本的四隻手變成了兩隻，六隻腳也變成了兩根細長的腿。他用新的「手」摸摸臉，覺得自己有著高高的鼻子和一頭濃密的捲髮。

遠處的酒吧，傳來陣陣吵鬧的聲音。巴魯硬著頭皮，推門進去。

「真是氣死我了！」一個大鬍

子男人滿臉通紅的抱怨著，「今天我竟然一隻鳥都沒射到！牠們實在飛得太快了！」

「飛得太快？」旁邊一個瘦高的男人接著說：「比弗爵士，是您的子彈太慢吧？」

「克里斯！你說什麼？」被稱為比弗爵士的男人，覺得自己被嘲笑了，抓著瘦子的衣領，一副

要打人的樣子。

「別、別生氣！」那個叫做克里斯的說：「爵士！真的，金斑鴴真的太難打了！這不能怪您啊！」

「就是說嘛！」比弗放開了克里斯，蹦的一聲坐到椅子上，「我說啊！金斑鴴真的是全歐洲飛得最快的鳥！奇怪，都沒有人研究過嗎？我好像沒看過任何一本書有記錄世界上飛得最快的是什麼鳥？」

「這倒是！我也很想知道跑得最快的動物到底是豹還是鴕鳥？」

「還有力氣最大的啊！」巴魯不假思索的冒出了這句話，「也該調查一下。」

比弗轉過頭來看著巴魯，讓巴魯有點緊張自己的變裝是不是出了問題。

「真有你的！小兄弟！」比弗拍了拍巴魯的肩膀，繼續說：「我覺得這個點子太棒了！我們應該來出一本『世界第一』的書，把最厲害、最高、最快、最……什麼的，通通放在書裡。一定很有意思！」

「說到這個，我認識兩個朋友，」克里斯說：「他們是一對雙胞胎兄弟，在英國倫敦的艦隊街當體育記者，人脈很廣，搜集資料的能力也很強，說不定可以幫上忙。」

「真的嗎？」比弗繼續說：「他

們叫什麼名字來著？」

「他們姓麥克沃特，哥哥叫做諾里斯，弟弟叫做羅斯。說來也巧，我前陣子才剛聽他們說，已經將一些關於『體壇之最』的資料編輯成書，賣給出版社了呢！」

「聽起來不錯，」比弗很有興趣的說：「要是他們願意幫忙，多找些資料，由我們酒廠贊助不是問題。嗯，」比弗轉過頭來對著巴魯說：「小兄弟，怎麼樣？要不要一起來試試看？喏！這是我的名片。」

巴魯接過名片，上面寫著：

「*金氏酒廠　比弗爵士*」。

艦隊街上的雙胞胎兄弟

「……然後我就這樣莫名其妙的加入了這群人，現在正搭火車前往倫敦。」巴魯躲在火車上的廁所裡，把之前的情況透過光球投影器匯報給酷克艦長。

「嗯！不錯，巴魯，你好好搜集情報，把這些強大力量的DNA搜集起來，別讓我們等太久。」只見投影光一閃，艦長的頭像消失在黝黑的廁所中。

「離倫敦還有一段距離呢！」巴魯從廁所搖搖晃晃的走回車廂座位時，克里斯抬起頭來說：「從火車站到艦隊街也要走一段路。」

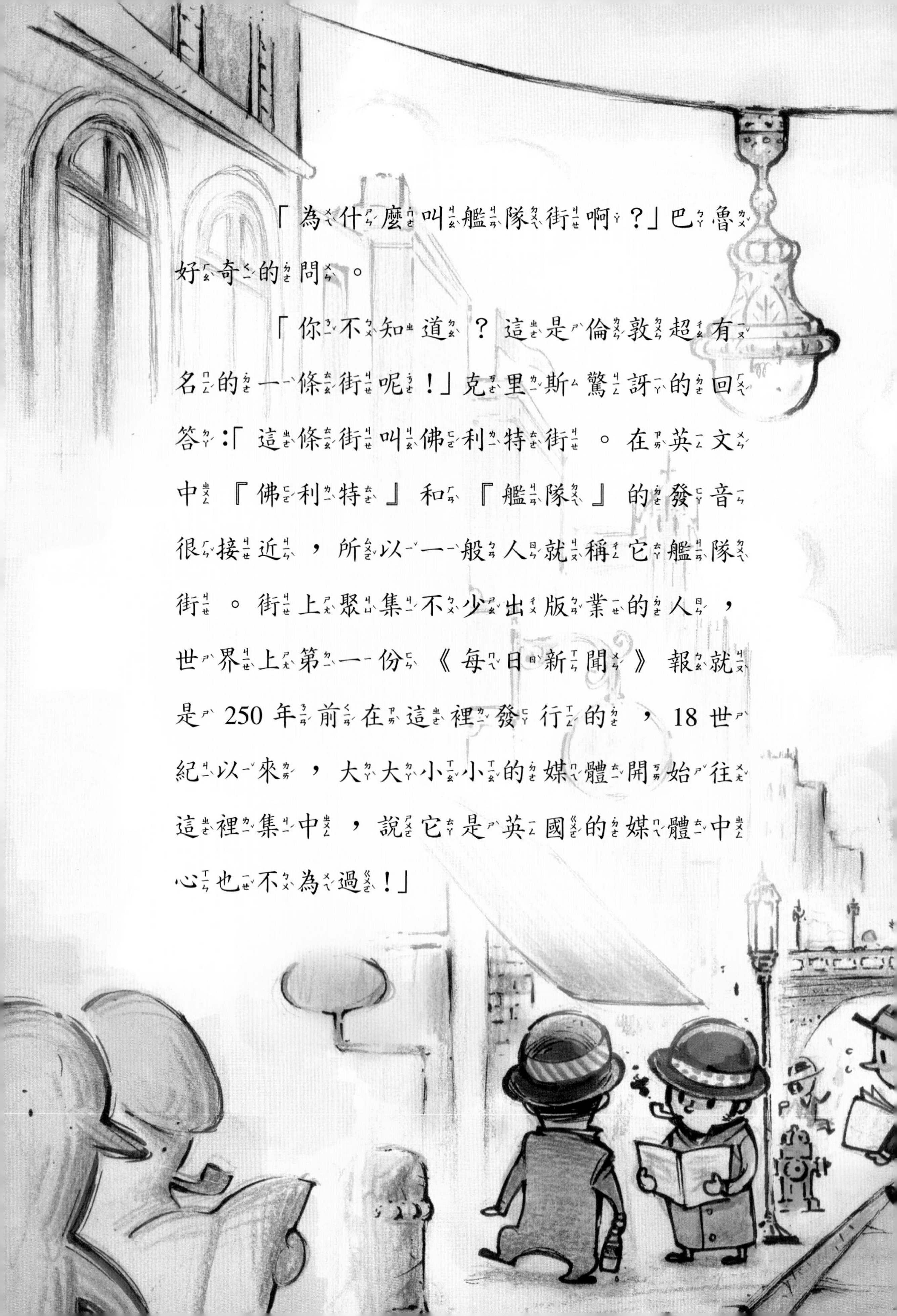

「為什麼叫艦隊街啊？」巴魯好奇的問。

「你不知道？這是倫敦超有名的一條街呢！」克里斯驚訝的回答：「這條街叫佛利特街。在英文中『佛利特』和『艦隊』的發音很接近，所以一般人就稱它艦隊街。街上聚集不少出版業的人，世界上第一份《每日新聞》報就是250年前在這裡發行的，18世紀以來，大大小小的媒體開始往這裡集中，說它是英國的媒體中心也不為過！」

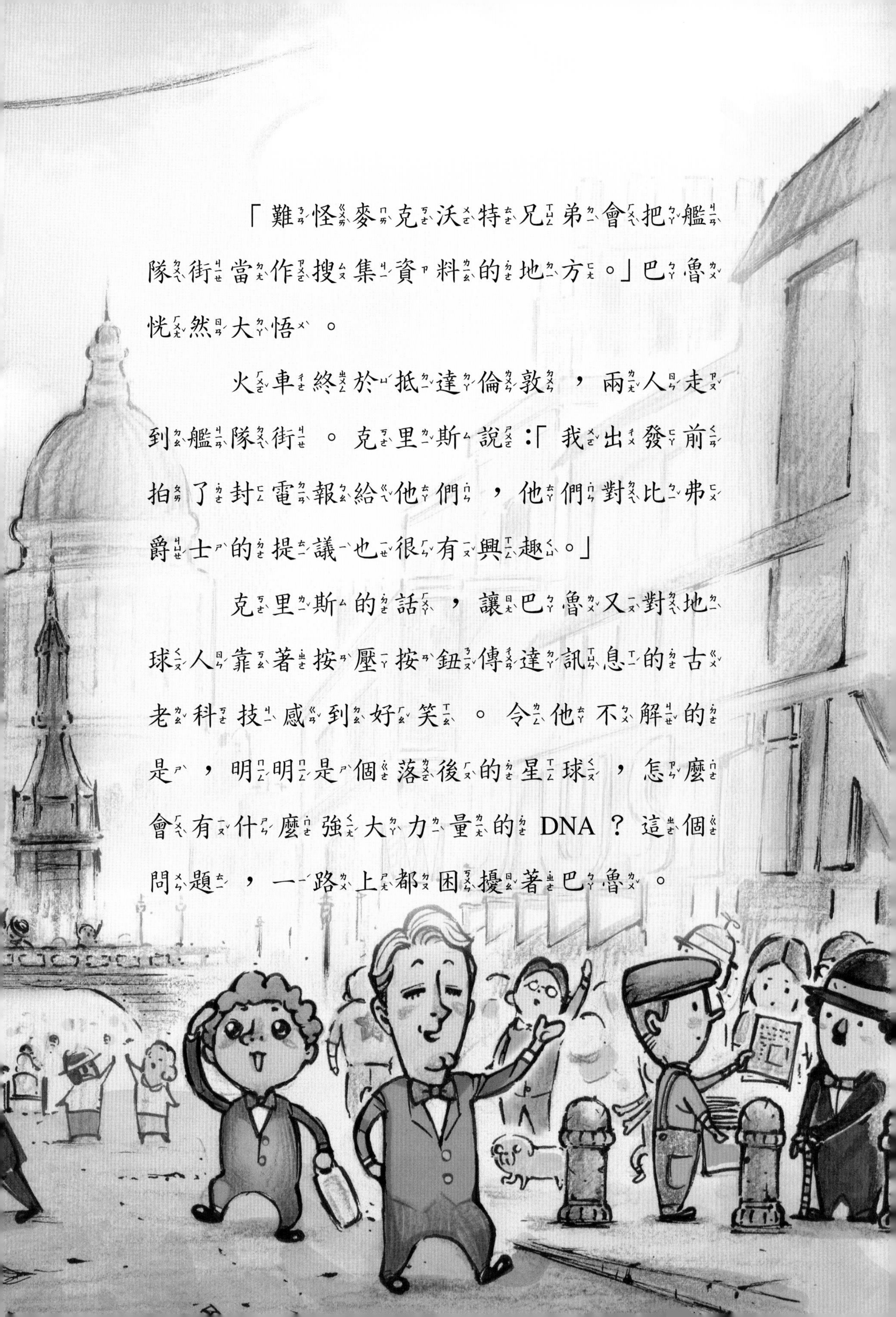

「難怪麥克沃特兄弟會把艦隊街當作搜集資料的地方。」巴魯恍然大悟。

火車終於抵達倫敦，兩人走到艦隊街。克里斯說：「我出發前拍了封電報給他們，他們對比弗爵士的提議也很有興趣。」

克里斯的話，讓巴魯又對地球人靠著按壓按鈕傳達訊息的古老科技感到好笑。令他不解的是，明明是個落後的星球，怎麼會有什麼強大力量的DNA？這個問題，一路上都困擾著巴魯。

「艦隊街位在加蓋了的佛利特河上，走在艦隊街不時的會聽到腳下流淌的河水聲，英國的名作家狄更斯在他的《雙城記》裡面還數次提到這條街呢！啊！我們到了！」克里斯像導遊一樣，一邊走一邊細數艦隊街的歷史，讓對地球不熟悉的巴魯，多多少少

了解了一下這段過去。

克里斯按了電鈴，只聽到門裡頭乒乒乓乓一陣混亂，然後一個瘦高的男子出來開門。

這個男子的額頭很高，耳朵上夾著一枝鉛筆，腋下夾著一堆資料。從他身後書桌上亂七八糟堆疊的紙張可以看出，他是從這堆紙堆裡爬出來的。

不等克里斯開口，這個男子就笑著握住克里斯的手，熱情的說：「我的好友！好久不見了！」接著轉頭對巴魯說：「你應該就是巴魯先生吧？歡迎歡迎！我們收到了電報，你們的提議實在太有趣了。我是羅斯，他是我哥哥，」他指著身後那位跟他長得一模一樣的男子，說：「諾里斯。」

「幸會幸會！」諾里斯伸出手打招呼。

眾人坐下後，羅斯幫大家泡了道地的英國茶，邊泡邊說：「我們看過比弗爵士的提議，這真的是個值得嘗試的主題。」

「我記得你們兄弟倆很早以

前就喜歡搜集這類的資訊對吧？」克里斯問。

「是啊！喏，你看，」諾里斯拿出了一本看來歷史悠久的剪貼簿，上面的字還都是手寫的，他頗為驕傲的說：「這是我們從小就開始搜集的剪報資料簿。我父親是報社編輯，每週帶回來的報紙總共一百多份吧？」

「一百五十多份。」羅斯在一旁糾正。

「對！一百五十多份，老弟，還是你對數字比較敏感。」諾里斯繼續說：「從我們會讀報紙之後，就愛把報上跟『世界之最』相關的新聞剪下來、分類，再裝訂成冊，這是我們小時候最大的娛樂。」

「哇！真的好豐富，」巴魯邊翻邊讚嘆，「這裡有世界上最深的湖、最長的隧道、最大的熱帶雨林……那有沒有最強大的人之類的？」巴魯沒有忘記自己的任務。

「這個倒不難，」諾里斯說：「我們已經編輯了一部分的資料，而且就快要出版了，我們給這本書取名叫《奔向終點線》，裡面搜集了許多運動競技的比賽紀錄，應該會有不少讓你感興趣的東西。不過，」諾里斯繼續說：「如果要擴大到運動界之外的資料，光憑我們兩個人，恐怕還是有點吃力。」

「別忘了這是艦隊街啊！老哥。世界上最便利的資訊網和新聞人才都集中在這裡，更何況倫敦還有好多資料豐富的圖書館。或許，我們可以先從歷史上的紀錄開始著手。現階段我們需要找一個幫忙統整資料的伙伴，等資料陸續開始搜集的時候，再來想想還得找多少人。」

「僱人的費用和其他開銷，金氏酒廠會很樂意贊助的！」克里斯說：「至於統整資料的伙伴……巴魯？你行嗎？」

「我正好沒什麼事，應該沒問題。」巴魯心裡盤算著：「若是可以藉由這個機會獲得第一手資料，對搜集DNA應該也是一大幫助。」事情說定，所有工作就在艦隊街這個狹小的辦公室裡開始進行。

新工作開始

艦隊街是個資訊充沛的新聞中心，靠著麥克沃特兄弟豐富的人脈，他們很快就從跑新聞的朋友們手上拿到許多資料。同時，透過各式報章雜誌與媒體的宣傳，他們也陸續收到許多想提供資訊，或是想辦破紀錄比賽的想法。而每天幾乎都得處理數千封的信件，讓巴魯恨不得變回那個有四隻手的自己，好一次處理多一點的訊息。

「你覺得這個如何？」從圖書館回來的諾里斯，把一疊厚厚的手抄資料丟在桌上。

巴魯隨手翻了幾頁：「神話世界中的巴珊王噩是世界上最高的人，有4公尺那麼高；你們阿爾法星人……喔不！我們地球人被記載下來最高的人是蘇格蘭人麥克阿斯基爾，有235公分高。」巴魯的話換來諾里斯一個挑眉的表情，巴魯趕快說：「體重最重的人是美國人休茲，嘖嘖嘖，有484公斤；1814年過世的加拿大人約伯活了一百一十三歲；莫斯科的一位婦女，一共生了六十九個孩子！哇！真了不起！」

「是啊！她生產了二十七次，其中十六次是雙胞胎，有七次是三胞胎，還有四次是四胞胎，有名到連俄國沙皇都召見她了。」羅斯繼續補充說：「還有這個，在沒有風的情況下，世界上飛得最快的鴿子每小時可以飛到177公里，比車子還快呢！」

「我相信人們對這些數據一定會很感興趣的，看來是個好的開始。對了，」巴魯停了一下，拿了一個包裹給兄弟倆：「今天寄來了好大的包裹，應該是你們的新書喔！」

諾里斯興奮的把包裹拆開，馬上就給了巴魯一本。巴魯翻閱著這本藍底黑字的《奔向終點線》，裡面都是近幾年來體育界的最新紀錄，足夠讓巴魯好好搜集DNA了。

由於麥克沃特兄弟是對相當盡責的記者，每次當他們獲知新的世界紀錄，如果有足夠的時間，他們一定會去採訪這些破紀錄的對象。而巴魯也利用這個機會，藉著訪談結束時的握手，得到了許多的 DNA 樣本。包括從 1926 年到 1928 年保持全勝紀錄的重量級拳王唐尼；1939 年丟出最長傳球距離的費孝克（超過 90 公尺）；5000 公尺溜冰紀錄保持人朱可娃（平均時速 47 公里）；還有在 1941 年創下每小時打九千三百一十六字紀錄的打字機高手——瑪格麗特‧哈瑪女士；以及在 1953 年 5 月 29 日首先登上地球最高峰——聖母峰的紐西蘭人希勒瑞，和雪巴人諾克海。而這些紀錄也都一起編進了他們即將出版的新作品當中。

「這本新書該取什麼名字呢？」羅斯問。

「既然比弗爵士幫了我們這麼大的忙，金氏酒廠又出資幫我們出書，就叫《金氏世界紀錄大全》如何？」諾里斯說。

「聽起來不錯，而且每年都可以出一本，把每年被打破的紀錄重新收錄進來。」羅斯很有把握的說。

「打破紀錄？」巴魯有點驚訝，「你的意思是，每年都會有跑得更快、跳得更高、力氣更大、拳頭更硬的人把之前的紀錄

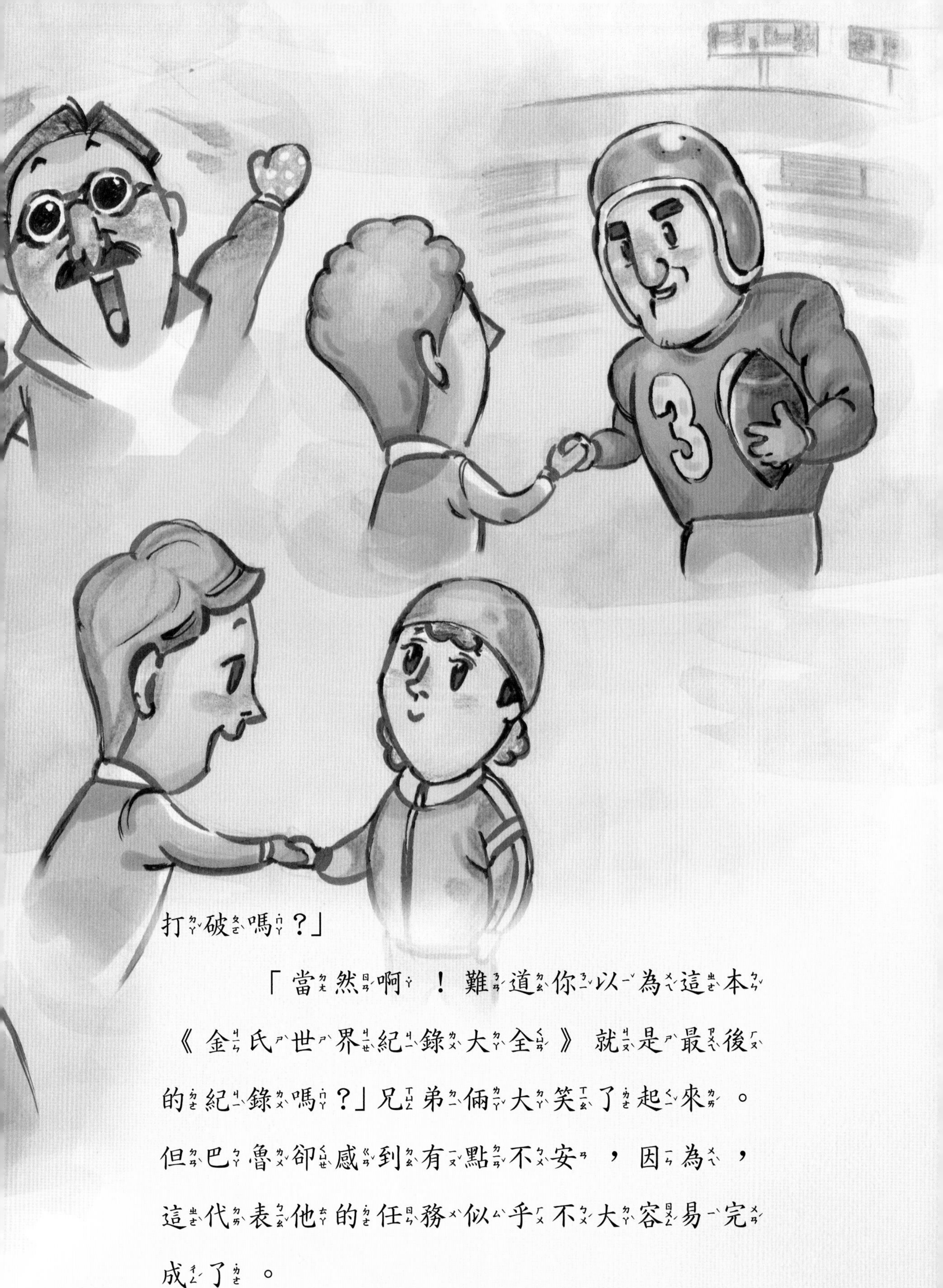

打破嗎？」

「當然啊！難道你以為這本《金氏世界紀錄大全》就是最後的紀錄嗎？」兄弟倆大笑了起來。但巴魯卻感到有點不安，因為，這代表他的任務似乎不大容易完成了。

暢銷排行榜

1955年8月27日，這本《金氏世界紀錄大全》正式出版，並且很快銷售到許多地方，特別是有賣金氏啤酒的酒店，都會放上一本來讓喝酒的顧客可以一邊喝

酒，一邊討論這些事情。比弗爵士高興極了，他發來的電報中說，他們酒廠的酒，因為這本書的出版而增加了不少銷售量。

就在聖誕節過後的一個早晨，羅斯一大早就抱著一疊資料衝進辦公室，興奮的說：「我們的新書登上聖誕節的暢銷排行榜

了！比弗爵士發來賀電，說要繼續支持我們，每年都出一本！」

辦公室裡立刻響起了歡呼聲。登上暢銷排行榜的殊榮，讓麥克沃特兄弟更加積極的搜集資料。

「我們有辦法每年都搜集到這麼多資料嗎？」巴魯有點好奇的問。

「放心！明年就是奧林匹克運動會了，每屆的奧運會都會有人打破之前的紀錄，到時候可以寫的資料一定更多！」諾里斯信心滿滿的說。

巴魯對奧運會並不陌生，因為他到地球的第二年就聽過這個全世界都矚目的運動賽事。巴魯擔心，一旦破了舊紀錄，自己好不容易搜集到的DNA不就是沒用的資料嗎？

「不可能啦！」當巴魯把自己的疑惑告訴酷克艦長後，反而被艦長嘲笑說：「紀錄哪會這麼容易被打破？你就安心搜集資料吧！」

酷克艦長一行人不曉得跑去

哪個星球喝酒了，在光球投影像中看起來一派輕鬆的樣子。可是巴魯擔心的事，卻馬上在奧運會中成真。

1956年在澳洲墨爾本舉辦的奧運會，總計有五十六項比賽打破紀錄。除此之外，在這一年中，擁有187高智商的菲雪成為世界最年輕的國際棋王；中國的陳鏡開在上海舉辦的舉重賽中，以133公斤打破世界紀錄，也成為中國第一個打破世界紀錄的選手；還有數位美國選手在100公尺賽跑中跑出10.2秒的佳績，但沒想到幾個月後馬上被自己的隊友以10.1秒打破紀錄。

這些消息讓麥克沃特兄弟十分振奮，但是卻讓酷克艦長大傷腦筋，透過投影光球，生氣的指責巴魯工作效率太差，DNA資料庫的資料一直被迫更新，讓艦上負責整理資料庫的隊員頭昏腦脹。

不過，就在艦長大發雷霆的這一年，新版的《金氏世界紀錄大全》依舊在英國獲得很高的銷售量，同時也取得了在美國的發行權，這讓麥克沃特兄弟倍受鼓舞。

各地的最新紀錄持續像雪片般飛來，而來自各方的資金贊助，讓他們可以聘請五十位編輯人員，好處理每天四千多封的信件。《金氏世界紀錄大全》的出版，就這樣慢慢上軌道了。

「我們其實應該多增加一些比賽項目。」在一次早餐後的閒談裡，諾里斯這樣說。

「怎麼說呢？」羅斯喝了一口英國茶後問。

「因為已經有的比賽只是運動世界裡的一小部分，還有很多有趣的事情可以列在世界紀錄裡。譬如說，我們可以看看一輛車最多可以塞多少人，或是，」諾里斯拿起早餐的水煮蛋端詳了一會兒，說：「一個人一天可以剝多少顆蛋之類的。」

巴魯在旁邊噗嗤一聲笑出來：「虧你想得出這種點子。」

諾里斯突然嚴肅的說：「你不要小看人類的可能性喔！就連蟲魚鳥獸都可以締造不可思議的紀錄了，何況是各行各業的人，他們一定也有讓人意想不到的厲害之處。」

新的比賽項目

「無論是你捕到最小的魚，或是誰釀出了最貴的酒；不管是世界上最長距離的賽馬，或是世界上最長的河流，都是我們感興趣的，」麥克沃特兄弟在接受訪問的時候說：「因為這些問題總會造成很多爭論，我們出版《金氏世界紀錄大全》的目的，就是希望可以減少這些爭論的發生，因為爭論的答案就在這本書裡。」停頓了一下，諾里斯對著鏡頭說：「如果你想自創一個新的世界紀錄，我們都歡迎你按照書裡面的程序，來跟我們報名！」

由於諾里斯的創意，讓挑戰各種新項目的比賽開始成為一種風潮。兄弟倆也當仁不讓，真的舉辦了把人塞進車子裡的比賽。

一天下午，巴魯看到麥克沃特兄弟倆嘻嘻哈哈的走進辦公室，手舞足蹈的比劃著。

「什麼事情這麼高興啊？」巴魯好奇的問。

「你記得我們之前說的，一輛車子最多可以塞進多少人嗎？」羅斯說。

「了不起應該也是十來個人吧？」

「錯！」諾里斯搶著回答，「是七十個人耶！你相信嗎？」

「怎麼可能？難不成你們把人都壓扁了才放進去？」巴魯一副不可置信的樣子。

「哈哈

哈！我們可沒有這樣做喔！而且，我們這幾天還不斷收到好多新項目的申請與成果呢！」

羅斯端了杯咖啡給巴魯，說：「其實要說創新的紀錄，我覺得我和諾里斯應該要列入『全世界最相似的雙胞胎』這個比賽當中。」

「這怎麼說？」巴魯接過咖啡問。

「你看喔，我們都是牛津大學三一學院的經濟法學碩士，也都是田徑隊隊員，又都在皇家海軍服役，而且都當過英國廣播公司的電視和電臺評論員。我想，全世界大概沒有我們這麼相像的雙胞胎吧？」

「你知道有一位老記者怎麼說你們兄弟嗎？」巴魯說：「他說，你們兩個人的腦根本是連接在一起的，你們有自己的暗號，而且只有另一個人可以解開；如果其中一個忘了東西，另一個一定可以找出來。」

「哈哈哈！這倒是真的！」羅斯大笑。

不斷創新的紀錄

隨著日子一年一年過去，每年的《金氏世界紀錄大全》都賣得不錯，這讓麥克沃特兄弟獲得了可觀的收入。但巴魯卻一點也高興不起來，因為每年總是有許多新的挑戰者把前人的紀錄打破，這讓負責搜集DNA的巴魯幾乎都在忙碌的和人「握手」。

酷克艦長總是在光球另一頭大發牢騷：「怎麼又來新的樣本？」原本預定五個星際週的時間（地球曆二十五年）就快要到了，但是搜集到的強大力量卻屢屢刷新。

一天早上，酷克艦長的影像從光球投影中跳出來，說：「巴魯！回家了！」

「什麼？」帶著惺忪睡眼的巴魯嚇了一跳，「回哪裡？」

「回，家！」酷克艦長斬釘截鐵的又說了一次，「總部覺得我們執行計畫的效率太差了，出來這麼長的時間，到現在搜集到的DNA卻都不是最強大的。」

「這不能怪我們啊！」巴魯說，「因為阿爾法星人實在太奇怪了，似乎永遠都能不斷創造新紀錄。」

「我也跟總部說了，可是他們不相信！」酷克艦長說：「總部派出的調查大隊，在全宇宙各個角落搜集強大力量的DNA，都沒有遇到像阿爾法星人這樣的情況。所以他們覺得，就算我們現在搜集到了一個強大的DNA，馬上就變成舊的資料。因此，總部決定放棄阿爾法星的計畫了！」

雖然要離開麥克沃特兄弟是一件令人傷感的事情，但取消阿爾法星的搜集計畫也讓巴魯鬆了一口氣。帶著1970年版的《金氏世界紀錄大全》，巴魯以回愛爾蘭當作理由辭別了麥克沃特兄弟，在一個深夜裡搭上了探索號，航向米巴星。

不過，因著對麥克沃特兄弟倆與阿爾法星的思念，返回米巴星的巴魯，還是持續關注著地球

上的新消息。就在他離開地球滿一個星際週的時候，《星際週報》刊登了羅斯被暗殺的消息。

巴魯不敢相信自己的眼睛。事情發生在地球曆1975年11月，羅斯因為發表了激進的政治言論，被跟他立場不同的愛爾蘭共

和軍暗殺了。巴魯想方設法寫了一封「信」給諾里斯。

諾里斯回信說：「巴魯你放心，羅斯被暗殺並不會澆熄我對尋找世界上新紀錄的熱忱，《金氏世界紀錄大全》還是會繼續出版，我要讓羅斯的精神持續在這裡發揚光大。我們也不會因此被打倒，我們要成為屢敗屢戰的金氏世界紀錄保持人！」

「不要小看人類的可能性嗎？」巴魯折起諾里斯的信紙，把眼睛裡流出來的液體擦乾，笑著說：「好！我期待著！」

麥克沃特兄弟 小檔案

NORRIS MCWHIRTER & ROSS MCWHIRTER

1925

8月12日出生於倫敦

1943－1946

服役於英國皇家海軍

1948年左右

退役後就讀於牛津大學三一學院，
獲經濟法學碩士學位

Get to Your Marks!

1950年代早期

在倫敦艦隊街擔任體育記者；
成立資訊搜集站

1951

第一本關於運動紀錄大全
《奔向終點線》
（*Get to Your Marks*）出版

1955

8月27日《金氏世界紀錄大全》首度發行，
並榮登當年聖誕節暢銷排行榜

1964

共同代表保守黨在不同選區
參選國會議員，但都落選

寫書的人

筆名「出谷司馬」，政大歷史系碩士，曾任中研院歷史語言研究所助理，目前為政大宗教研究所博士候選人。偶爾喜歡在部落格裡寫寫散文，聊聊自己的育兒心得。著有《舌燦蓮花定天下：張儀》、《石頭將軍：吳起》、《運籌帷幄，決勝千里：張良》、《轉危為安救大唐：郭子儀》、《東周列國志》，及《馬丁・路德・金恩》等書。

畫畫的人

從出生後會拿筆的那刻開始就愛塗塗抹抹，不管在臉上、身上或牆上，不管畫的是走的、游的還飛的，就這樣一路畫到大，終於如願以最愛的插畫維生。愛美術也愛音樂、愛運動，努力的嘗試不同的新鮮事兒，用力的將藝術融入生活，融入自己的呼吸和血液。出版了三十多本插畫書，開過多次插畫展、水墨畫展、雕塑展、音樂會，今後也將繼續熱血的畫下去！

1975

11月27日羅斯・麥克沃特
遭愛爾蘭共和軍（IRA）暗殺身亡

2004

4月19日
諾里斯・麥克沃特逝世

選　　的你

請跟著畢卡索、艾雪、安迪・沃荷、手塚治虫、鄧肯、凱迪克、布列松、達利、胡迪尼，在各種藝術領域上大展創意。

選　　的你

請跟著盛田昭夫、7-Eleven創辦家族、大衛・奧格威，動動你的頭腦，想像引領創新企業的挑戰。

選　　的你

請跟著高第、樂高父子、喬治・伊士曼、史蒂文生、李維・史特勞斯，體驗創意新設計的樂趣。

選  的你

請跟著麥克沃特兄弟、格林兄弟、法布爾，將創思奇想記錄下來，寫出你創意滿滿的故事。

本系列特色：

1. 精選東西方人物，一網打盡全球創意 MAKER。
2. 國內外得獎作者、繪者大集合，聯手打造創意故事。
3. 驚奇的情節，精美的插圖，加上高質感印刷，保證物超所值！

還有！還有！

內附注音，小朋友也能「自・己・讀」！
創意 MAKER 是小朋友的必備創意讀物，
培養孩子創意的最佳選擇！

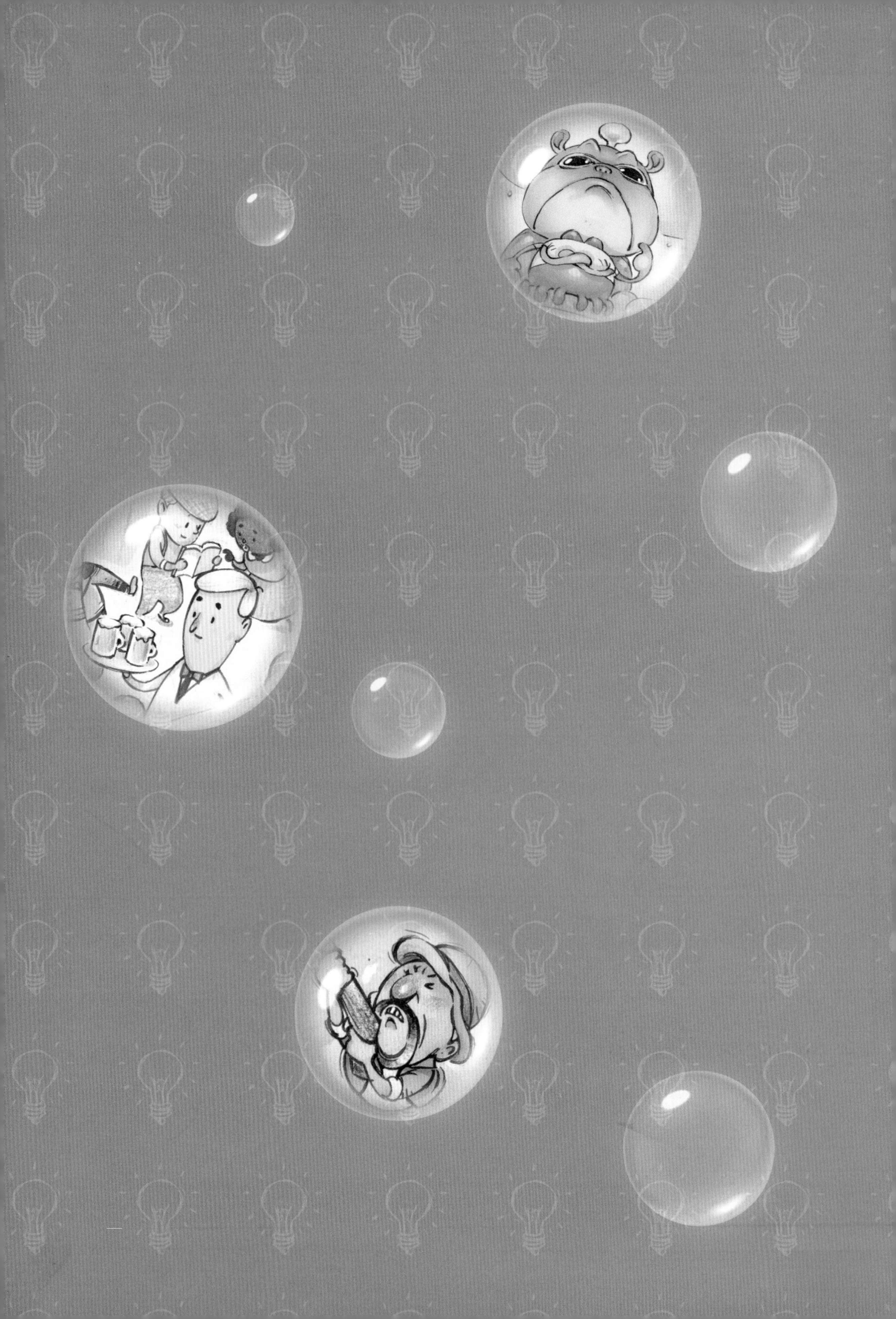